50 Recetas: Hornea Hasta Triunfar

Por: Kelly Johnson

Table of Contents

- Pan de plátano
- Galletas con chispas de chocolate
- Bizcocho de vainilla
- Magdalenas de limón
- Tarta de manzana
- Brownies clásicos
- Pan de ajo
- Panecillos integrales
- Cheesecake al horno
- Empanadas de carne
- Galletas de avena y pasas
- Pan de queso
- Quiche de espinacas y queso
- Pan rústico casero
- Tarta de queso y fresa
- Cupcakes de chocolate
- Pan de calabaza

- Rollitos de canela
- Tarta de limón merengada
- Bizcocho marmolado
- Galletas de jengibre
- Pan de centeno
- Muffins de arándanos
- Focaccia con romero
- Pastel de zanahoria
- Galletas de mantequilla
- Pan de cerveza
- Tarta de ciruela
- Brownies de avellana
- Empanadas de pollo al curry
- Bizcocho de yogur
- Tarta tatin
- Panecillos de leche
- Strudel de manzana
- Pastel de coco
- Galletas de almendra

- Pan de molde casero
- Pastel de tres leches
- Tartaletas de frutas
- Galletas de cacao y nueces
- Pan pita al horno
- Tarta de chocolate
- Muffins de plátano
- Pan de maíz
- Galletas saladas con queso
- Pastel de ricotta
- Pan de aceitunas
- Bizcocho de miel
- Galette de frutas
- Pan brioche

Pan de plátano

Ingredientes:

- 3 plátanos maduros
- 2 huevos
- 100 g de azúcar
- 200 g de harina
- 1 cdita de polvo de hornear
- 1/2 cdita de bicarbonato
- 1 cdita de canela (opcional)
- 80 ml de aceite o mantequilla derretida

Preparación:

1. Precalienta el horno a 180 °C.
2. Tritura los plátanos y mezcla con el azúcar, huevos y aceite.
3. Incorpora los ingredientes secos tamizados.
4. Vierte la mezcla en un molde engrasado.
5. Hornea por 45-50 minutos o hasta que al insertar un palillo, salga limpio.

Galletas con chispas de chocolate

Ingredientes:

- 120 g de mantequilla
- 100 g de azúcar moreno
- 100 g de azúcar blanca
- 1 huevo
- 200 g de harina
- 1 cdita de esencia de vainilla
- 1/2 cdita de bicarbonato
- 150 g de chispas de chocolate

Preparación:

1. Bate la mantequilla con los azúcares hasta que esté cremosa.
2. Agrega el huevo y la vainilla.
3. Incorpora la harina y el bicarbonato.
4. Añade las chispas de chocolate.
5. Forma bolitas y colócalas en una bandeja con papel vegetal.
6. Hornea a 180 °C por 10-12 minutos.

Bizcocho de vainilla

Ingredientes:

- 3 huevos
- 180 g de azúcar
- 200 g de harina
- 120 ml de leche
- 120 ml de aceite
- 1 cdita de esencia de vainilla
- 1 sobre de levadura en polvo

Preparación:

1. Precalienta el horno a 180 °C.
2. Bate los huevos con el azúcar hasta que doblen su volumen.
3. Añade la leche, el aceite y la vainilla.
4. Incorpora la harina con la levadura.
5. Vierte en un molde engrasado y hornea por 35-40 minutos.

Magdalenas de limón

Ingredientes:

- 3 huevos
- 200 g de azúcar
- 200 g de harina
- 100 ml de aceite de girasol
- 1 cdita de ralladura de limón
- 1 cdita de levadura en polvo
- 60 ml de leche

Preparación:

1. Bate los huevos con el azúcar hasta que estén esponjosos.
2. Añade la ralladura, leche y aceite.
3. Incorpora la harina con la levadura.
4. Llena moldes de magdalena 3/4 partes.
5. Hornea a 180 °C por 20-25 minutos.

Tarta de manzana

Ingredientes:

- 3 manzanas
- 3 huevos
- 150 g de azúcar
- 150 g de harina
- 1 sobre de levadura
- 100 ml de leche
- 100 ml de aceite
- Canela al gusto

Preparación:

1. Pela y corta las manzanas en láminas.
2. Mezcla todos los ingredientes hasta formar una masa.
3. Vierte en un molde y decora con manzana encima.
4. Espolvorea canela y hornea a 180 °C por 40-45 minutos.

Brownies clásicos

Ingredientes:

- 150 g de chocolate negro
- 100 g de mantequilla
- 150 g de azúcar
- 2 huevos
- 80 g de harina
- 1 cdita de esencia de vainilla

Preparación:

1. Derrite el chocolate con la mantequilla.
2. Añade el azúcar y mezcla.
3. Incorpora los huevos uno a uno y la vainilla.
4. Agrega la harina.
5. Hornea a 180 °C por 25-30 minutos.

Pan de ajo

Ingredientes:

- 1 baguette o pan al gusto
- 50 g de mantequilla
- 2 dientes de ajo picados
- Perejil picado

Preparación:

1. Mezcla la mantequilla con el ajo y el perejil.
2. Abre el pan por la mitad o haz cortes en diagonal.
3. Unta la mezcla en el pan.
4. Hornea a 180 °C por 10-15 minutos.

Panecillos integrales

Ingredientes:

- 500 g de harina integral
- 300 ml de agua tibia
- 1 sobre de levadura seca
- 1 cdita de sal
- 2 cdas de aceite de oliva

Preparación:

1. Mezcla la harina con la levadura y la sal.
2. Agrega el agua y el aceite, amasa hasta obtener una masa suave.
3. Deja reposar 1 hora.
4. Forma panecillos y deja reposar 30 minutos más.
5. Hornea a 200 °C por 20-25 minutos.

Cheesecake al horno

Ingredientes:

- 200 g de galletas tipo María
- 100 g de mantequilla derretida
- 500 g de queso crema
- 150 g de azúcar
- 3 huevos
- 1 cdita de esencia de vainilla
- 200 ml de crema para batir

Preparación:

1. Tritura las galletas y mezcla con la mantequilla.
2. Presiona en el fondo de un molde y refrigera.
3. Mezcla el queso crema, azúcar, huevos, vainilla y crema.
4. Vierte sobre la base.
5. Hornea a 160 °C por 50-60 minutos. Deja enfriar y refrigera 4 horas mínimo.

Empanadas de carne

Ingredientes:

- 500 g de carne molida
- 1 cebolla picada
- 2 huevos duros picados
- 1 huevo batido (para pintar)
- 1 cdita de comino
- Sal y pimienta al gusto
- Masa para empanadas

Preparación:

1. Sofríe la cebolla y añade la carne, sazona con sal, pimienta y comino.
2. Cocina hasta que esté dorada. Deja enfriar y añade el huevo duro.
3. Rellena la masa con una cucharada de carne y cierra.
4. Pinta con huevo y hornea a 200 °C por 20-25 minutos.

Galletas de avena y pasas

Ingredientes:

- 100 g de mantequilla
- 100 g de azúcar moreno
- 1 huevo
- 100 g de harina
- 150 g de avena
- 1 cdita de canela
- 80 g de pasas

Preparación:

1. Mezcla la mantequilla y el azúcar.
2. Añade el huevo, harina, avena y canela.
3. Incorpora las pasas.
4. Coloca cucharadas en una bandeja y hornea a 180 °C por 12-15 minutos.

Pan de queso

Ingredientes:

- 250 g de almidón de yuca (tapioca)
- 100 ml de leche
- 50 ml de aceite
- 1 huevo
- 100 g de queso rallado
- Sal al gusto

Preparación:

1. Hierve la leche con el aceite y viértelo sobre el almidón.
2. Mezcla y añade el huevo y el queso.
3. Forma bolitas y hornea a 180 °C por 20-25 minutos.

Quiche de espinacas y queso

Ingredientes:

- 1 masa quebrada
- 300 g de espinacas
- 150 g de queso rallado (tipo gruyère o mozzarella)
- 3 huevos
- 200 ml de nata o crema para cocinar
- Sal, pimienta y nuez moscada

Preparación:

1. Cocina las espinacas y escúrrelas bien.
2. Mezcla los huevos con la crema, queso, sal y especias.
3. Agrega las espinacas y vierte sobre la masa en un molde.
4. Hornea a 180 °C por 35-40 minutos.

Pan rústico casero

Ingredientes:

- 500 g de harina de fuerza
- 350 ml de agua
- 1 cdita de sal
- 10 g de levadura seca

Preparación:

1. Mezcla la harina con la sal y la levadura.
2. Agrega el agua poco a poco hasta formar una masa.
3. Amasa y deja reposar 1 hora.
4. Forma el pan y deja reposar 30 minutos.
5. Hornea a 220 °C por 35-40 minutos.

Tarta de queso y fresa

Ingredientes:

- 200 g de galletas tipo María
- 100 g de mantequilla
- 500 g de queso crema
- 150 g de azúcar
- 3 huevos
- 1 cdita de vainilla
- Mermelada de fresa

Preparación:

1. Mezcla galletas trituradas con mantequilla y presiona en un molde.
2. Mezcla el queso, azúcar, huevos y vainilla.
3. Vierte sobre la base y hornea a 160 °C por 50 minutos.
4. Deja enfriar y cubre con mermelada.

Cupcakes de chocolate

Ingredientes:

- 100 g de mantequilla
- 120 g de azúcar
- 2 huevos
- 120 g de harina
- 40 g de cacao en polvo
- 1 cdita de polvo de hornear
- 60 ml de leche

Preparación:

1. Bate la mantequilla con el azúcar.
2. Añade los huevos uno a uno.
3. Agrega la harina, cacao, polvo de hornear y leche.
4. Llena moldes 2/3 y hornea a 180 °C por 18-20 minutos.

Pan de calabaza

Ingredientes:

- 200 g de puré de calabaza
- 2 huevos
- 100 g de azúcar
- 200 g de harina
- 1 cdita de canela
- 1/2 cdita de jengibre
- 1 cdita de polvo de hornear
- 80 ml de aceite

Preparación:

1. Mezcla huevos, azúcar, aceite y puré de calabaza.
2. Añade los ingredientes secos.
3. Vierte en un molde y hornea a 180 °C por 45 minutos.

Rollitos de canela

Ingredientes:

- 500 g de harina
- 250 ml de leche
- 80 g de azúcar
- 1 huevo
- 50 g de mantequilla
- 10 g de levadura
- Relleno: mantequilla, azúcar y canela

Preparación:

1. Mezcla la levadura con leche tibia y azúcar.
2. Añade huevo, mantequilla y harina.
3. Deja reposar 1 hora.
4. Estira, unta con mantequilla y espolvorea azúcar con canela.
5. Enrolla, corta y coloca en una bandeja.
6. Hornea a 180 °C por 25-30 minutos.

Tarta de limón merengada

Ingredientes:

- Base: 200 g de galletas + 100 g de mantequilla derretida
- Relleno: 3 yemas + 400 ml de leche condensada + 120 ml de jugo de limón
- Merengue: 3 claras + 150 g de azúcar

Preparación:

1. Mezcla las galletas trituradas con mantequilla y forma la base en un molde. Hornea 10 min a 180 °C.
2. Bate las yemas con leche condensada y jugo de limón. Vierte sobre la base y hornea 15 min más.
3. Bate las claras con azúcar a punto de nieve. Cubre la tarta y dora con soplete o horno.
4. Enfría antes de servir.

Bizcocho marmolado

Ingredientes:

- 200 g de mantequilla
- 200 g de azúcar
- 4 huevos
- 200 g de harina + 1 cdita de polvo de hornear
- 2 cdas de cacao en polvo

Preparación:

1. Bate mantequilla y azúcar. Agrega huevos uno a uno.
2. Incorpora la harina con polvo de hornear.
3. Divide la mezcla y añade cacao a una mitad.
4. Vierte ambas masas intercaladas en un molde. Remueve con palillo para efecto marmolado.
5. Hornea a 180 °C por 40-45 min.

Galletas de jengibre

Ingredientes:

- 350 g de harina
- 1 cdita de bicarbonato
- 1 cdita de jengibre en polvo
- 1 cdita de canela
- 125 g de mantequilla
- 100 g de azúcar moreno
- 1 huevo
- 4 cdas de miel

Preparación:

1. Mezcla secos. Añade mantequilla y forma migas.
2. Incorpora el huevo y la miel. Amasa y refrigera 30 min.
3. Estira, corta formas y hornea a 180 °C por 10-12 min.

Pan de centeno

Ingredientes:

- 300 g de harina de centeno
- 200 g de harina de trigo
- 10 g de levadura seca
- 1 cdita de sal
- 350 ml de agua tibia

Preparación:

1. Mezcla harinas, sal y levadura.
2. Añade agua y amasa 10 min. Deja reposar 1 hora.
3. Da forma, deja levar 30 min y hornea a 220 °C por 35-40 min.

Muffins de arándanos

Ingredientes:

- 250 g de harina
- 120 g de azúcar
- 1 cdita de polvo de hornear
- 1 huevo
- 200 ml de leche
- 60 ml de aceite
- 150 g de arándanos

Preparación:

1. Mezcla los secos por un lado, líquidos por otro.
2. Une ambas mezclas sin sobrebatir.
3. Incorpora los arándanos.
4. Vierte en moldes y hornea a 180 °C por 20-25 min.

Focaccia con romero

Ingredientes:

- 500 g de harina
- 7 g de levadura seca
- 325 ml de agua
- 10 g de sal
- 3 cdas de aceite de oliva
- Romero fresco y sal gruesa

Preparación:

1. Mezcla todos los ingredientes y amasa.
2. Deja reposar 1-2 horas hasta que doble.
3. Extiende en bandeja, haz hoyitos con los dedos, agrega romero y sal.
4. Hornea a 200 °C por 25-30 min.

Pastel de zanahoria

Ingredientes:

- 250 g de zanahoria rallada
- 200 g de azúcar
- 3 huevos
- 200 ml de aceite
- 250 g de harina
- 1 cdita de canela
- 1 cdita de polvo de hornear
- Nueces opcionales

Preparación:

1. Bate huevos con azúcar, agrega aceite.
2. Añade zanahoria, harina, canela, polvo de hornear y nueces.
3. Vierte en molde y hornea a 180 °C por 45-50 min.

Galletas de mantequilla

Ingredientes:

- 250 g de mantequilla
- 120 g de azúcar
- 1 huevo
- 350 g de harina
- 1 cdita de vainilla

Preparación:

1. Bate mantequilla con azúcar, luego huevo y vainilla.
2. Añade harina. Refrigera 30 min.
3. Forma bolitas o corta formas.
4. Hornea a 180 °C por 12-15 min.

Pan de cerveza

Ingredientes:

- 375 g de harina
- 1 cdita de sal
- 1 cdita de azúcar
- 330 ml de cerveza
- 1 cdita de polvo de hornear

Preparación:

1. Mezcla todos los ingredientes.
2. Vierte en un molde engrasado.
3. Hornea a 180 °C por 45-50 min.

Tarta de ciruela

Ingredientes:

- 1 masa quebrada
- 6-8 ciruelas cortadas en gajos
- 3 cdas de azúcar
- 1 cdita de canela
- 1 cda de harina de almendra (opcional)

Preparación:

1. Coloca la masa en un molde.
2. Espolvorea con harina de almendra.
3. Acomoda las ciruelas en forma de abanico.
4. Espolvorea con azúcar y canela.
5. Hornea a 180 °C por 35-40 min.

Brownies de avellana

Ingredientes:

- 200 g de chocolate negro
- 120 g de mantequilla
- 3 huevos
- 150 g de azúcar
- 100 g de harina
- 100 g de avellanas troceadas

Preparación:

1. Derrite el chocolate con mantequilla.
2. Bate huevos con azúcar, agrega el chocolate, luego la harina y avellanas.
3. Vierte en un molde.
4. Hornea a 180 °C por 25-30 min.

Empanadas de pollo al curry

Ingredientes:

- 2 tazas de pollo cocido y desmenuzado
- 1 cebolla picada
- 1 cdita de curry en polvo
- 1/2 taza de crema o leche de coco
- Discos de masa para empanadas

Preparación:

1. Sofríe cebolla, añade pollo y curry.
2. Agrega la crema y cocina 5 min.
3. Rellena las empanadas, sella y hornea a 200 °C por 20-25 min.

Bizcocho de yogur

Ingredientes (usa el vasito del yogur como medida):

- 1 yogur natural
- 3 huevos
- 2 medidas de azúcar
- 3 medidas de harina
- 1 medida de aceite
- 1 sobre de levadura (polvo de hornear)
- Ralladura de limón (opcional)

Preparación:

1. Mezcla todos los ingredientes.
2. Vierte en un molde engrasado.
3. Hornea a 180 °C por 35-40 min.

Tarta Tatin

Ingredientes:

- 5-6 manzanas
- 100 g de mantequilla
- 120 g de azúcar
- 1 masa de hojaldre

Preparación:

1. En sartén, carameliza el azúcar con mantequilla.
2. Agrega las manzanas en gajos y cocina 10 min.
3. Cubre con el hojaldre y hornea a 200 °C por 25-30 min.
4. Desmolda en caliente.

Panecillos de leche

Ingredientes:

- 500 g de harina
- 250 ml de leche tibia
- 80 g de azúcar
- 80 g de mantequilla
- 2 huevos
- 7 g de levadura seca
- 1 cdita de sal

Preparación:

1. Mezcla todos los ingredientes y amasa.
2. Deja levar 1 h. Forma bollos y deja reposar 30 min más.
3. Barniza con huevo y hornea a 180 °C por 20 min.

Strudel de manzana

Ingredientes:

- 4 manzanas peladas y en láminas
- 50 g de azúcar
- 1 cdita de canela
- 50 g de pasas
- 1 masa filo o de hojaldre
- Mantequilla derretida

Preparación:

1. Mezcla manzanas, azúcar, canela y pasas.
2. Coloca sobre la masa, enrolla y pincela con mantequilla.
3. Hornea a 190 °C por 35 min.

Pastel de coco

Ingredientes:

- 200 g de coco rallado
- 4 huevos
- 200 g de azúcar
- 100 g de harina
- 100 g de mantequilla derretida
- 1 cdita de polvo de hornear

Preparación:

1. Bate huevos con azúcar.
2. Agrega coco, mantequilla, harina y polvo de hornear.
3. Vierte en molde y hornea a 180 °C por 30-35 min.

Galletas de almendra

Ingredientes:

- 200 g de harina de almendra
- 100 g de azúcar
- 1 huevo
- Ralladura de limón (opcional)

Preparación:

1. Mezcla todos los ingredientes hasta obtener una masa.
2. Forma bolitas y aplánalas.
3. Hornea a 180 °C por 12-15 min.

Pan de molde casero

Ingredientes:

- 500 g de harina de trigo
- 10 g de sal
- 10 g de azúcar
- 7 g de levadura seca
- 300 ml de agua tibia
- 30 g de mantequilla

Preparación:

1. Mezcla harina, sal, azúcar y levadura.
2. Añade agua y mantequilla. Amasa 10-15 min hasta obtener una masa elástica.
3. Deja reposar tapado 1 hora.
4. Aplana, enrolla y coloca en molde engrasado.
5. Deja levar 30 min más y hornea a 180 °C por 35-40 min.

Pastel de tres leches

Ingredientes (bizcocho):

- 5 huevos
- 150 g de azúcar
- 150 g de harina

Mezcla de leches:

- 1 lata de leche condensada
- 1 lata de leche evaporada
- 200 ml de crema de leche

Preparación:

1. Bate los huevos con azúcar hasta esponjar. Agrega harina tamizada.
2. Hornea a 180 °C por 25-30 min.
3. Mezcla las tres leches. Haz agujeros al bizcocho y vierte la mezcla.
4. Enfría 3-4 horas o toda la noche. Cubre con merengue o crema batida.

Tartaletas de frutas

Ingredientes (masa):

- 250 g de harina
- 125 g de mantequilla fría
- 1 huevo + 2 cdas de azúcar
  Relleno:
- Crema pastelera + frutas variadas (fresas, kiwi, uvas, etc.)

Preparación:

1. Mezcla ingredientes de la masa, forma una bola y refrigera 30 min.
2. Estira y cubre moldes individuales. Hornea a 180 °C por 15-18 min.
3. Rellena con crema pastelera y decora con frutas frescas.

Galletas de cacao y nueces

Ingredientes:

- 200 g de harina
- 2 cdas de cacao en polvo
- 100 g de azúcar
- 120 g de mantequilla
- 1 huevo
- 100 g de nueces picadas

Preparación:

1. Bate mantequilla con azúcar, añade el huevo.
2. Agrega harina, cacao y nueces.
3. Forma bolitas y aplasta ligeramente.
4. Hornea a 180 °C por 12-15 min.

Pan pita al horno

Ingredientes:

- 400 g de harina
- 1 cdita de sal
- 7 g de levadura seca
- 250 ml de agua tibia
- 1 cda de aceite de oliva

Preparación:

1. Mezcla ingredientes y amasa 10 min.
2. Reposa la masa 1 hora. Divide en bolitas.
3. Estira en discos y hornea a 250 °C por 5-7 min hasta que inflen.

Tarta de chocolate

Ingredientes:

- 200 g de chocolate negro
- 150 g de mantequilla
- 4 huevos
- 120 g de azúcar
- 100 g de harina

Preparación:

1. Derrite chocolate con mantequilla.
2. Bate huevos con azúcar. Mezcla todo y añade la harina.
3. Vierte en molde y hornea a 180 °C por 25-30 min.

Muffins de plátano

Ingredientes:

- 2 plátanos maduros
- 2 huevos
- 100 g de azúcar
- 60 ml de aceite
- 200 g de harina
- 1 cdita de polvo de hornear
- 1/2 cdita de canela

Preparación:

1. Tritura plátanos y mezcla con huevo, aceite y azúcar.
2. Añade harina, canela y polvo de hornear.
3. Llena moldes y hornea a 180 °C por 20-25 min.

Pan de maíz

Ingredientes:

- 200 g de harina de maíz
- 100 g de harina de trigo
- 2 huevos
- 250 ml de leche
- 50 g de mantequilla derretida
- 2 cdas de azúcar
- 1 cdita de polvo de hornear

Preparación:

1. Mezcla ingredientes secos. Añade huevos, leche y mantequilla.
2. Vierte en molde y hornea a 180 °C por 30-35 min.

Galletas saladas con queso

Ingredientes:

- 200 g de harina
- 100 g de mantequilla
- 100 g de queso rallado (cheddar o parmesano)
- 1 huevo
- Sal y pimienta al gusto

Preparación:

1. Mezcla harina con mantequilla y queso.
2. Agrega huevo, sal y pimienta.
3. Forma la masa, estira y corta en formas.
4. Hornea a 180 °C por 10-12 min.

Pastel de ricotta

Ingredientes:

- 500 g de ricotta
- 100 g de azúcar
- 3 huevos
- Ralladura de 1 limón
- 1 cdita de esencia de vainilla
- 50 g de harina

Preparación:

1. Mezcla la ricotta con el azúcar.
2. Agrega los huevos uno a uno, luego la ralladura, vainilla y harina.
3. Vierte en un molde engrasado.
4. Hornea a 180 °C por 45-50 min. Enfría antes de desmoldar.

Pan de aceitunas

Ingredientes:

- 500 g de harina
- 7 g de levadura seca
- 300 ml de agua tibia
- 2 cdas de aceite de oliva
- 1 cdita de sal
- 150 g de aceitunas negras picadas

Preparación:

1. Mezcla todos los ingredientes menos las aceitunas.
2. Amasa 10 min, agrega las aceitunas y deja reposar 1 h.
3. Forma el pan, deja levar 30 min más.
4. Hornea a 200 °C por 30-35 min.

Bizcocho de miel

Ingredientes:

- 250 g de harina
- 2 huevos
- 150 g de miel
- 100 ml de leche
- 100 g de mantequilla
- 1 cdita de polvo de hornear
- 1 cdita de canela (opcional)

Preparación:

1. Derrite la miel con la mantequilla.
2. Bate los huevos, añade la mezcla tibia, leche y luego los ingredientes secos.
3. Vierte en molde y hornea a 180 °C por 40 min.

Galette de frutas

Ingredientes (masa):

- 200 g de harina
- 100 g de mantequilla fría
- 2 cdas de azúcar
- 3-4 cdas de agua fría

Relleno:

- Frutas (manzana, durazno, frutos rojos)
- 2 cdas de azúcar
- 1 cdita de maicena

Preparación:

1. Haz la masa mezclando todos los ingredientes, refrigera 30 min.
2. Estira la masa, coloca las frutas mezcladas con azúcar y maicena en el centro.
3. Dobla los bordes hacia dentro.
4. Hornea a 190 °C por 35-40 min.

Pan brioche

Ingredientes:

- 500 g de harina
- 4 huevos + 1 para barnizar
- 70 g de azúcar
- 10 g de sal
- 20 g de levadura fresca o 7 g seca
- 120 ml de leche
- 150 g de mantequilla

Preparación:

1. Mezcla leche tibia con levadura. Añade harina, huevos, azúcar y sal.
2. Amasa 10-15 min y añade mantequilla en cubos.
3. Reposa 1.5 h. Forma bollos o pan y deja levar otra hora.
4. Barniza con huevo y hornea a 180 °C por 30-35 min.

www.ingramcontent.com/pod-product-compliance
Lightning Source LLC
LaVergne TN
LVHW081329060526
838201LV00055B/2527